Double de Y 5517. Réserve.

Yf 3167

1050 Don Juan.

Voyez la note de l'exemplaire en place pour la liste complète des cartons.

Dans cet exempl. les pages 137-44 sont originales. (pp. 139-40.)

La feuille P (Scène de Sgan. et D. Juan, Scène du pauvre) est originale; mais la feuille S est cartonnée.

LE PRINCE JALOUX

LES ŒUVRES POSTHUMES DE MONSIEUR DE MOLIERE.

TOME VII.

Imprimées pour la premiere fois en 1682.

Enrichies de Figures en Taille-douce.

A PARIS.

Chez
{ DENYS THIERRY, ruë saint Jacques, à l'enseigne de la Ville de Paris.
CLAUDE BARBIN, au Palais, sur le second Perron de la Sainte Chapelle.
ET
PIERRE TRABOUILLET, au Palais, dans la Gallerie des Prisonniers, à l'image S. Hubert, & à la Fortune, proche le Greffe des Eaux & Forests.

M. DC. LXXXII.
AVEC PRIVILEGE DU ROY.

PIECES
CONTENUES
en ce septiéme Volume.

D. GARCIE, ou LE PRINCE JALOUX.

L'IMPROMPTU DE VERSAILLES.

LE D. JUAN, ou LE FESTIN DE PIERRE.

MELICERTE PASTORALLE, Fragment de deux Actes.

DOM GARCIE
DE NAVARRE
OU
LE PRINCE JALOUX,
COMEDIE.
PAR J. B. P. MOLIERE.

Representée pour la premiere fois, le quatriéme Février 1661. sur le Theastre de la Salle du Palais Royal.

Par la Trouppe de MONSIEUR, Frere unique du Roy.

D. JUAN.
Et quelle réponse as-tu faite ?
SGANARELLE.
Que vous ne m'en aviez rien dit.
D. JUAN.
Mais encore, quelle est ta pensée là-dessus, qu'imagines-tu de cette affaire ?
SGANARELLE.
Moy, je croy sans vous faire tort, que vous avez quelque nouvel amour en teste.
D. JUAN.
Tu le crois ?
SGANARELLE.
Oüy.
D. JUAN.
Ma foy, tu ne te trompes pas, & je dois t'avoüer qu'un autre objet a chassé Elvire de ma pensée.
SGANARELLE.
Eh, mon Dieu, je sçay, mon Dom Iuan, sur le bout du doigt, & connois vostre cœur pour le plus grand coureur du monde, il se plaist à se promener de liens en liens, & n'aime guere à demeurer en place.
D. JUAN.
Et ne trouves tu pas, dy moy, que j'ay raison d'en user de la sorte ?
SGANARELLE.
Eh, Monsieur.
D. JUAN.
Quoy, parle ?
SGANARELLE.
Assurement que vous avez raison, si vous le voulez, on ne peut pas aller là contre ; mais si vous ne le vouliez pas, ce seroit peut-estre une autre affaire.
D. JUAN.

COMEDIE.
D. JUAN.
Et bien je te donne la liberté de parler, & de me dire tes sentimens.

SGANARELLE.
En ce cas, Monsieur, je vous diray franchement que je n'approuve point vostre methode, & que je trouve fort vilain d'aimer de tous costez comme vous faites.

D. JUAN.
Quoy ? tu veux qu'on se lie à demeurer au premier objet qui nous prend, qu'on renonce au monde pour luy, & qu'on n'ait plus d'yeux pour personne ? La belle chose de vouloir se picquer d'un faux honneur d'estre fidelle, de s'ensevelir pour toûjours dans une passion, & d'estre mort dés sa jeunesse, à toutes les autres beautez qui nous peuvent frapper les yeux : non, non, la constance n'est bonne que pour des ridicules, toutes les belles ont droit de nous charmer, & l'avantage d'estre rencontrée la premiere, ne doit point dérober aux autres les justes pretentions qu'elles ont toutes sur nos cœurs. Pour moy, la beauté me ravit par tout, où je la trouve, & je cede facilement à cette douce violence, dont elle nous entraisne ; j'ay beau estre engagé, l'amour que j'ay pour une belle, n'engage point mon ame à faire injustice aux autres ; je conserve des yeux pour voir le merite de toutes, & rends à chacune les hommages, & les tributs où la nature nous oblige. Quoy qu'il en soit, je ne puis refuser mon cœur à tout ce que je voy d'aimable, & dés qu'un beau visage me le demande, si j'en avois dix mille, je les donnerois tous. Les inclinations naissantes aprés tout, ont des charmes inexplicables, & tout le plaisir de l'amour est dans le changement. On goûte une douceur extrême à

Tome VII.   M

reduire par cent hommages le cœur d'une jeune beauté, à voir de jour en jour, les petits progrés qu'on y fait; à combatre par des transports, par des larmes, & des soûpirs, l'innocente pudeur d'une ame, qui a peine à rendre les armes, à forcer pied à pied, toutes les petites resistances qu'elle nous oppose, à vaincre les scrupules, dont elle se fait un honneur, & la mener doucement, où nous avons envie de la faire venir. Mais lors qu'on en est maître une fois, il n'y a plus rien à dire, ny rien à souhaiter, tout le beau de la passion est finy, & nous nous endormons dans la tranquilité d'un tel amour; si quelque objet nouveau ne vient réveiller nos desirs, & presenter à nostre cœur les charmes attrayants d'une conqueste à faire. Enfin, il n'est rien de si doux, que de triompher de la resistance d'une belle personne, & j'ay sur ce sujet l'ambition des Conquerants, qui volent perpetuellement de victoire en victoire, & ne peuvent se resoudre à borner leurs souhaits. Il n'est rien qui puisse arrester l'impetuosité de mes desirs, je me sens un cœur à aymer toute la terre; & comme Alexandre, je souhaiterois qu'il y eust d'autres mondes, pour y pouvoir étendre mes conquestes amoureuses.

SGANARELLE.

Vertu de ma vie, comme vous debitez; il semble que vous ayez appris cela par cœur, & vous parlez tout comme un Livre.

D. JUAN.

Qu'as-tu à dire là-dessus?

SGANARELLE.

Ma foy, j'ay à dire, je ne sçay que dire; car vous tournez les choses d'une maniere, qu'il semble que vous avez raison, & cependant il est vray que vous ne l'avez pas. J'avois les plus belles

COMEDIE.

pensées du monde, & vos discours m'ont brouillé tout cela ; laissez faire, une autre fois je mettray mes raisonnemens par écrit, pour disputer avec vous.

D. IVAN.
Tu feras bien.

SGANARELLE.
Mais, Monsieur, cela seroit-il de la permission que vous m'avez donnée, si je vous disois que je suis tant soit peu scandalisé de la vie que vous menez ?

D. IVAN.
Comment, quelle vie est-ce que je meine ?

SGANARELLE.
Fort bonne. Mais par exemple de vous voir tous les mois vous marier comme vous faites.

D. IVAN.
Y a-t'il rien de plus agreable ?

SGANARELLE.
Il est vray, je conçois que cela est fort agreable, & fort divertissant, & je m'en accommoderois assez moy, s'il n'y avoit point de mal, mais, Monsieur, se joüer ainsi d'un Mystere sacré, & …

D. IVAN.
Va, va, c'est une affaire entre le Ciel & moy, & nous la démeslerons bien ensemble, sans que tu t'en mettes en peine.

SGANARELLE.
Ma foy, Monsieur, j'ay toûjours oüy dire, que c'est une méchante raillerie, que de se railler du Ciel, & que les libertins ne font jamais une bonne fin.

D. IVAN.
Hola, maistre sot, vous sçavez que je vous ay dit que je n'ayme pas les faiseurs de remontrances.

M ij

SGANARELLE.

Je ne parle pas aussi à vous, Dieu m'en garde, vous sçavez ce que vous faites vous, & si vous ne croyez rien, vous avez vos raisons ; mais il y a de certains petits impertinents dans le monde, qui font libertins, sans sçavoir pourquoy, qui font les esprits forts, parce qu'ils croyent que cela leur sied bien ; & si j'avois un Maistre comme cela, je luy dirois fort nettement le regardant en face : osez-vous bien ainsi vous joüer au Ciel, & ne tremblez vous point de vous mocquer comme vous faites des choses les plus saintes ? C'est bien à vous petit ver de terre, petit mirmidon que vous estes, (je parle au Maistre que j'ay dit,) c'est bien à vous à vouloir vous mesler de tourner en raillerie, ce que tous les hommes reverent. Pensez-vous que pour estre de qualité, pour avoir une perruque blonde, & bien frisée, des plumes à vostre chapeau, un habit bien doré, & des rubans couleur de feu, (ce n'est pas à vous que je parle, c'est à l'autre ;) pensez-vous, dis-je, que vous en soyez plus habile homme, que tout vous soit permis, & qu'on n'ose vous dire vos veritez ? Apprenez de moy qui suis vostre Valet, que le Ciel punit tost ou tard les Impies, qu'une méchante vie amene une méchante mort, & que....

D. JUAN.

Paix.

SGANARELLE.

De quoy est-il question ?

D. JUAN.

Il est question de te dire, qu'une beauté me tient au cœur, & qu'entraisné par ses appas, je l'ay suivie jusques en cette Ville.

COMEDIE.
SGANARELLE.
Et n'y craignez vous rien, Monsieur, de la mort de ce Commandeur, que vous tuastes il y a six mois.
D. JUAN.
Et pourquoy craindre, ne l'ay-je pas bien tué ?
SGANARELLE.
Fort bien, le mieux du monde, & il auroit tort de se plaindre.
D. JUAN.
J'ay eu ma grace de cette affaire.
SGANARELLE.
Oüy, mais cette grace, n'esteint pas peut-estre le ressentiment des Parents, & des amis, &...
D. JUAN.
Ah n'allons point songer au mal qui nous peut arriver, & songeons seulement à ce qui nous peut donner du plaisir. La personne dont je te parle, est une jeune Fiancée, la plus agreable du monde, qui a esté conduite icy par celuy-mesme qu'elle y vient épouser; & le hazard me fit voir ce couple d'Amans, trois ou quatre jours, avant leur voyage. Iamais je n'ay veu deux personnes estre si contents l'un de l'autre, & faire éclater plus d'amour. La tendresse visible de leurs mutuelles ardeurs me donna de l'émotion; j'en fus frappé au cœur, & mon amour commença par la jalousie. Oüy, je ne pus souffrir d'abord de les voir si bien ensemble, le dépit allarma mes desirs, & je me figuray un plaisir extrême, à pouvoir troubler leur intelligence, & rompre cet attachement, dont la délicatesse de mon cœur se tenoit offencée; mais jusques icy tous mes efforts ont esté inutiles, & j'ay recours au dernier remede. Cet époux prétendu doit aujourd'huy regaler sa Maistresse d'une promenade sur Mer;

M iij

D. JUAN, OU LE FEST. DE PIERRE,
sans t'en avoir rien dit, toutes choses sont preparées pour satisfaire mon amour, & j'ay une petite Barque, & des gens, avec quoy fort facilement je pretends enlever la Belle.

SGANARELLE.

Ha ! Monsieur.

D. IVAN.

Hen ?

SGANARELLE.

C'est fort bien fait à vous, & vous le prenez comme il faut, il n'est rien tel en ce monde, que de se contenter.

D. IVAN.

Prepare toy donc à venir avec moy, & prend soin toy-mesme d'apporter toutes mes armes, afin que... Ah ! rencontre fâcheuse, traistre tu ne m'avois pas dit qu'elle estoit icy elle mesme.

SGANARELLE.

Monsieur, vous ne me l'avez pas demandé.

D. IVAN.

Est-elle folle de n'avoir pas changé d'habit, & de venir en ce lieu-cy, avec son équipage de Campagne ?

SCENE III.

D. ELVIRE, D. IVAN, SGANARELLE.

D. ELVIRE.

ME ferez-vous la grace, D. Iuan, de vouloir bien me reconnoistre, & puis-je au moins esperer, que vous daigniez tourner le visage de ce costé ?

COMEDIE.

D. IVAN.
Madame, je vous avoüe que je suis surpris, & que je ne vous attendois pas icy.

D. ELVIRE.
Oüy, je voy bien que vous ne m'y attendiez pas, & vous estes supris à la verité, mais tout autrement que je ne l'esperois, & la maniere dont vous le paroissez, me persuade pleinement ce que je refusois de croire. J'admire ma simplicité, & la foiblesse de mon cœur, à douter d'une trahison, que tant d'apparences me confirmoient. J'ay esté assez bonne, je le confesse, ou plûtost assez sotte, pour me vouloir tromper moy-mesme, & travailler à démentir mes yeux, & mon jugement. J'ay cherché des raisons, pour excuser à ma tendresse, le relâchement d'amitié qu'elle voyoit en vous; & je me suis forgé exprés cent sujets legitimes d'un départ si precipité, pour vous justifier du crime, dont ma raison vous accusoit. Mes justes soupçons chaque jour avoient beau me parler, j'en rejettois la voix, qui vous rendoit criminel à mes yeux, & j'écoutois avec plaisir mille chimeres ridicules, qui vous peignoient innocent à mon cœur; mais enfin, cet abord ne me permet plus de douter, & le coup d'œil qui m'a receuë, m'apprend bien plus de choses, que je ne voudrois en sçavoir. Je seray bien aise pourtant d'oüir de vostre bouche les raisons de vostre départ. Parlés, D. Iuan, je vous prie; & voyons de quel air vous sçaurez vous justifier.

D. IVAN.
Madame, voilà Sganarelle, qui sçait pourquoy je suis party.

SGANARELLE.
Moy, Monsieur, je n'en sçay rien, s'il vous plaist.

D. ELVIRE.

Hé bien, Sganarelle, parlez, il n'importe de quelle bouche j'entende ces raisons.

D. JUAN *faisant signe d'approcher à Sganarelle.*

Allons, parle donc à Madame.

SGANARELLE.

Que voulez-vous que je dise ?

D. ELVIRE.

Approchez, puisqu'on le veut ainsi, & me dites un peu les causes d'un départ si prompt.

D. JUAN.

Tu ne répondras pas ?

SGANARELLE.

Ie n'ay rien à répondre, vous vous mocquez de vostre Serviteur.

D. JUAN.

Veux-tu répondre, te dis-je ?

SGANARELLE.

Madame...

D. ELVIRE.

Quoy ?

SGANARELLE *se retournant vers son Maistre.*

Monsieur...

D. JUAN.

Si....

SGANARELLE.

Madame, les Conquerants, Alexandre, & les autres Mondes, sont causes de nostre départ ; voilà Monsieur tout ce que je puis dire.

D. ELVIRE.

Vous plaist-il, D. Iuan, nous éclaircir ces beaux mysteres ?

D. JUAN.

Madame, à vous dire la verité.

D. ELVIRE.

COMEDIE.
D. ELVIRE.

Ah, que vous sçavez mal vous défendre pour un homme de Cour, & qui doit estre accoûtumé à ces sortes de choses! J'ay pitié de vous voir la confusion que vous avez. Que ne vous armez-vous le front d'une noble effronterie? que ne me jurez-vous que vous estes toûjours dans les mesmes sentimens pour moy, que vous m'aimez toûjours avec une ardeur sans égale, & que rien n'est capable de vous détacher de moy que la mort! que ne me dites-vous que des affaires de la derniere consequence vous ont obligé à partir sans m'en donner avis, qu'il faut que malgré vous vous demeuriez icy quelque temps, & que je n'ay qu'à m'en retourner d'où je viens, assurée que vous suivrez mes pas le plûtost qu'il vous sera possible: Qu'il est certain que vous brûlez de me rejoindre, & qu'éloigné de moy, vous souffrez ce que souffre un corps qui est separé de son ame. Voila comme il faut vous défendre, & non pas estre interdit comme vous estes.

D. JUAN.

Je vous avoüe, Madame, que je n'ay point le talent de dissimuler, & que je porte un cœur sincere. Je ne vous diray point que je suis toûjours dans les mesmes sentimens pour vous, & que je brûle de vous rejoindre, puis qu'enfin il est assuré que je ne suis party que pour vous fuir; non point par les raisons que vous pouvez vous figurer, mais par un pur motif de conscience, & pour ne croire pas qu'avec vous davantage je puisse vivre sans péché. Il m'est venu des scrupules, Madame, & j'ay ouvert les yeux de l'ame sur ce que je faisois. J'ay fait reflexion que pour vous épouser, je vous ay dérobée à la closture d'un Convent, que vous avez rompu des vœux, qui vous engageoient au-

CHARLOTE à *Mathurine*.
Vous allez voir.

MATHURINE à *Charlote*.
Vous allez voir vous mesme.

CHARLOTE à D. *Juan*.
Dites.

MATHURINE à D. *Juan*.
Parlez.

D. JUAN *embarassé leur dit à toutes deux*.

Que voulez-vous que je dise ? vous soûtenez également toutes deux que je vous ay promis de vous prendre pour femmes. Est-ce que chacune de vous ne sçait pas ce qui en est, sans qu'il soit necessaire que je m'explique davantage ? pourquoy m'obliger là-dessus à des redites ? celle à qui j'ay promis effectivement n'a-t-elle pas en elle-mesme dequoy se moquer des discours de l'autre, & doit-elle se mettre en peine pourveu que j'accomplisse ma promesse? Tous les discours n'avancent point les choses, il faut faire, & non pas dire, & les effets decident mieux que les paroles. Aussi n'est-ce rien que par là que je vous veux mettre d'accord, & l'on verra quand je me marieray, laquelle des deux a mon cœur, *bas à Mathurine*, laissez-luy croire ce qu'elle voudra, *bas à Charlote*, laissez-là se flater dans son imagination, *bas à Mathurine*, je vous adore, *bas à Charlote*, je suis tout à vous, *bas à Mathurine*, tous les visages sont laids auprés du vostre, *bas à Charlote*, on ne peut plus souffrir les autres quand on vous a veuë. J'ay un petit ordre à donner, je viens vous retrouver dans un quart d'heure.

CHARLOTE à *Mathurine*.
Je suis celle qu'il aime, au moins.

MATHURINE

COMEDIE.
MATHURINE.
C'est moy qu'il épousera.
SGANARELLE.
Ah, pauvres filles que vous estes, j'ay pitié de vostre innocence, & je ne puis souffrir de vous voir courir à vostre malheur. Croyez-moy l'une & l'autre, ne vous amusez point à tous les contes qu'on vous fait, & demeurez dans vostre village.
D. JUAN *revenant*.
Je voudrois bien sçavoir pourquoy Sganarelle ne me suit pas.
SGANARELLE.
Mon Maître est un fourbe, il n'a dessein que de vous abuser, & en a bien abusé d'autres, c'est l'Epouseur du genre humain, & .... (*il apperçoit D. Juan*) cela est faux, & quiconque vous dira cela, vous luy devez dire qu'il en a menty. Mon Maître n'est point l'Epouseur du genre humain, il n'est point fourbe, il n'a pas dessein de vous tromper, & n'en a point abusé d'autres. Ah, tenez, le voila, demandez-le plûtost à luy-mesme.
D. JUAN.
Oüy.
SGANARELLE.
Monsieur, comme le monde est plein de médisans, je vais au devant des choses, & je leur disois que si quelqu'un leur venoit dire du mal de vous, elles se gardassent bien de le croire, & ne manquassent pas de luy dire qu'il en auroit menty.
D. JUAN.
Sganarelle.
SGANARELLE.
Oüy, Monsieur est homme d'honneur, je

le garantis tel.
D. JUAN.
Hon.
SGANARELLE.
Ce sont des impertinens.

SCENE CINQUIESME.

D. JUAN, LA RAME'E, CHARLOTE, MATHURINE, SGANARELLE.

LA RAME'E.

Monsieur, je viens vous avertir qu'il ne fait pas bon icy pour vous.
D. JUAN.
Comment ?
LA RAME'E.
Douze hommes à cheval vous cherchent, qui doivent arriver icy dans un moment, je ne sçay pas par quel moyen ils peuvent vous avoir suivi, mais j'ay appris cette nouvelle d'un Païsan qu'ils ont interrogé, & auquel ils vous ont dépeint. L'affaire presse, & le plûtost que vous pourrez sortir d'icy, sera le meilleur.
D. JUAN à *Charlote & Mathurine.*
Une affaire pressante m'oblige de partir d'icy, mais je vous prie de vous ressouvenir de la parole que je vous ay donnée, & de croire que vous aurez de mes nouvelles avant qu'il soit demain au soir. Comme la partie n'est pas égale, il faut user de stratageme, & éluder adroitement le

COMEDIE. 171

malheur qui me cherche, je veux que Sganarelle se reveste de mes habits, & moy....
SGANARELLE.
Monsieur, vous vous moquez, m'exposer à estre tué sous vos habits, &....
D. JUAN.
Allons viste, c'est trop d'honneur que je vous fais, & bien-heureux est le valet qui peut avoir la gloire de mourir pour son Maître.
SGANARELLE.
Je vous remercie d'un tel honneur. O Ciel, puis qu'il s'agit de mort, fait-moy la grace de n'estre point pris pour un autre.

Fin du second Acte.

ACTE III.

SCENE PREMIERE.

D. JUAN *en habit de campagne*. SGANA-
RELLE *en Medecin.*

SGANARELLE.

A foy, Monfieur, avoüez que j'ay eu raifon, & que nous voila l'un & l'autre déguifez à merveille. Voftre premier deffein n'eftoit point du tout à propos, & cecy nous cache bien mieux que tout ce que vous vouliez faire.

D. JUAN.

Il eft vray, que te voila bien, & je ne fçay où tu as efté déterrer cét attirail ridicule.

SGANARELLE.

Oüy? c'eft l'habit d'un vieux Medecin qui a efté laiffé en gage au lieu où je l'ay pris, & il m'en a coûté de l'argent pour l'avoir. Mais fçavez-vous, Monfieur, que cét habit me met déja en confideration ? que je fuis falué des gens que je rencontre, & que l'on me vient confulter ainfi qu'un habile homme ?

D. JUAN.

Comment donc ?

COMEDIE.

SGANARELLE.

Cinq ou six Passans & Passantes en me voyant passer me sont venus demander mon avis sur differentes maladies.

D. JUAN.

Tu leur as répondu que tu n'y entendois rien?

SGANARELLE.

Moy point du tout, j'ay voulu soûtenir l'honneur de mon habit, j'ay raisonné sur le mal, & leur ay fait des ordonnances à chacun.

D. JUAN.

Et quels remedes encore leur as-tu ordonnez?

SGANARELLE.

Ma foy, Monsieur, j'en ay pris par où j'en ay pû attraper, j'ay fait mes ordonnances à l'avanture, & ce seroit une chose plaisante si les malades guérissoient, & qu'on m'en vinst remercier.

D. JUAN.

Et pourquoy non? par quelle raison n'aurois-tu pas les mesmes privileges qu'ont tous les autres Medecins? ils n'ont pas plus de part que toy aux guérisons des malades, & tout leur art est pure grimace. Ils ne font rien que recevoir la gloire des heureux succez, & tu peux profiter comme eux du bon-heur du malade, & voir attribuer à tes remedes tout ce qui peut venir des faveurs du hazard, & des forces de la nature.

SGANARELLE.

Comment, Monsieur, vous estes aussi impie en Medecine?

D. JUAN.

C'est une des grandes erreurs qui soit parmy les hommes.

SGANARELLE.

Quoy, vous ne croyez pas au sené, ny à la casse, ny au vin hemetique?

D. JUAN.
Et pourquoy veux-tu que j'y croye?
SGANARELLE.
Vous avez l'ame bien mécreante. Cependant vous voyez depuis un temps que le vin hemetique fait bruire ses fuseaux. Les miracles ont converty les plus incredules esprits, & il n'y a pas trois semaines que j'en ay veu, moy qui vous parle, un effet merveilleux.
D. JUAN.
Et quel?
SGANARELLE.
Il y avoit un homme qui depuis six jours estoit à l'agonie, on ne sçavoit plus que luy ordonner, & tous les remedes ne faisoient rien, on s'avisa à la fin de luy donner de l'hemetique.
D. JUAN.
Il réchapa, n'est-ce pas?
SGANARELLE.
Non, il mourut.
D. JUAN.
L'effet est admirable.
SGANARELLE.
Comment? il y avoit six jours entiers qu'il ne pouvoit mourir, & cela le fit mourir tout d'un coup. Voulez-vous rien de plus efficace?
D. JUAN.
Tu as raison.
SGANARELLE.
Mais laissons-là la Medecine où vous ne croyez point, & parlons des autres choses: car cét habit me donne de l'esprit, & je me sens en humeur de disputer contre vous. Vous sçavez bien que vous me permettez les disputes, & que vous ne me défendez que les remontrances.

D. JUAN.

Et bien ?

SGANARELLE.

Je veux sçavoir un peu vos pensées à fonds. Est-il possible que vous ne croyez point du tout au Ciel ?

D. JUAN.

Laissons cela.

SGANARELLE.

C'est à dire que non. Et à l'Enfer ?

D. JUAN.

Eh.

SGANARELLE.

Tout de mesme. Et au Diable, s'il vous plaît ?

D. JUAN.

Oüy, oüy.

SGANARELLE.

Aussi peu. Ne croyez-vous point l'autre vie ?

D. JUAN.

Ah, ah, ah.

SGANARELLE.

Voila un homme que j'auray bien de la peine à convertir. Et dites-moy un peu, encore faut-il croire quelque chose. Qu'est-ce que vous croyez

D. JUAN.

Ce que je croy ?

SGANARELLE.

Oüy.

D. JUAN.

Je croy que deux & deux sont quatre, Sganarelle, & que quatre & quatre sont huit.

SGANARELLE.

LA belle croyance, que voila ! vostre religion, à ce que je vois, est donc l'Arithmetique ? il faut avoüer qu'il se met d'étranges folies dans la teste des hommes, & que pour avoir bien estudié, on en est bien moins sage le plus souvent. Pour moy, Monsieur, je n'ay point estudié comme vous, Dieu mercy, & personne ne sçauroit se vanter de m'avoir jamais rien appris; mais avec mon petit sens, mon petit jugement, je voy les choses mieux que tous les livres, & je comprends fort bien que ce monde que nous voyons, n'est pas un champignon qui soit venu tout seul en une nuit. Je voudrois bien vous demander qui a fait ces arbres-là, ces Rochers, cette Terre, & ce Ciel que voila là-haut, & si tout cela s'est basty de luy-mesme ? Vous voila vous, par exemple, vous estes là ; est-ce que vous vous estes fait tout seul, & n'a-t-il pas falu que vostre pere ait engrossé vostre mere pour vous faire ? Pouvez-vous voir toutes les inventions dont la machine de l'homme est composée, sans admirer de quelle façon cela est agencé l'un dans l'autre, ces nerfs, ces os, ces veines, ces arteres, ces..... ce poumon, ce cœur, ce foye, & tous ces autres ingrediens qui sont là, & qui.... Oh dame, interrompez-moy donc si vous voulez, je ne sçaurois disputer si l'on ne m'interrompt, vous vous taisez exprés, & me laissez parler par belle malice.

D. JUAN.
J'attends que ton raisonnement soit finy.

SGANARELLE.
Mon raisonnement est qu'il y a quelque chose d'admirable dans l'homme, quoy que vous puissiez dire, que tous les Sçavans ne sçauroient expliquer. Cela n'est-il pas merveilleux que me voila icy, & que j'aye quelque chose dans la teste qui pense cent choses differentes en un moment, & fait de mon corps tout ce qu'elle veut? Je veux fraper des mains, hausser le bras, lever

COMEDIE. 177

les yeux au Ciel, baisser la teste, remuer les pieds, aller à droit, à gauche, en avant, en arriere, tourner.... *Il se laisse tomber en tournant.*

D. JUAN.
Bon, voila ton raisonnement qui a le nez cassé.

SGANARELLE.
Morbleu, je suis bien sot de m'amuser à raisonner avec vous. Croyez ce que vous vous voudrez, il m'importe bien que vous soyez damné.

D. JUAN.
Mais tout en raisonnant, je croy que nous sommes égarez, appelle un peu cét homme que voila là-bas pour luy demander le chemin.

SGANARELLE.
Hola ho, l'homme, ho, mon compere, ho l'amy, un petit mot, s'il vous plaist.

SCENE SECONDE.

D. JUAN, SGANARELLE, UN PAUVRE.

SGANARELLE.
Enseignez-nous un peu le chemin qui mene à la Ville.

LE PAUVRE.
Vous n'avez qu'à suivre cette route, Messieurs, & détourner à main droite quand vous serez au bout de la forest, mais je vous donne avis que vous devez vous tenir sur vos gardes, & que depuis quelque temps il y a des voleurs icy autour.

D. JUAN.
Je te suis bien obligé, mon amy, & je te rends

grace de tout mon cœur.

LE PAUVRE.
Si vous voulez, Monsieur, me secourir de quelque aumosne.

D. JUAN.
Ah, ah, ton avis est interessé, à ce que je voy.

LE PAUVRE.
Je suis un pauvre homme, Monsieur, retiré tout seul dans ce bois depuis dix ans, & je ne manqueray pas de prier le Ciel qu'il vous donne toute sorte de biens.

D. JUAN.
Eh, prie-le qu'il te donne un habit, sans te mettre en peine des affaires des autres.

SGANARELLE.
Vous ne connoissez pas Monsieur, bon homme, il ne croit qu'en deux & deux sont quatre, & en quatre & quatre sont huit.

D. JUAN.
Quelle est ton occupation parmy ces arbres ?

LE PAUVRE.
De prier le Ciel tout le jour pour la prosperité des gens de bien qui me donnent quelque chose.

D. JUAN.
Il ne se peut donc pas que tu ne sois bien à ton aise.

LE PAUVRE.
Helas, Monsieur, je suis dans la plus grande necessité du monde.

D. JUAN.
Tu te moques ; un homme qui prie le Ciel tout le jour, ne peut pas manquer d'estre bien dans ses affaires.

COMEDIE. 179
LE PAUVRE.

Je veus assure, Monsieur, que le plus souvent je n'ay pas un morceau de pain à mettre sous les dents.

D. JUAN.

Je te veux donner un Louis d'or, & je te le donne pour l'amour de l'humanité. Mais que vois-je là ? un homme attaqué par trois autres ? la partie est trop inégale, & je ne dois pas souffrir cette lâcheté.

SCENE III.

D. JUAN, D. CARLOS, SGANARELLE.

SGANARELLE.

Mon Maitre est un vray enragé d'aller se presenter à un peril qui ne le cherche pas, mais, ma foy, le secours a servy, & les deux ont fait fuir les trois.

D. CARLOS l'épée à la main.

On voit par la fuite de ces voleurs de quel secours est vostre bras, souffrez, Monsieur, que je vous rende grace d'une action si genereuse, & que....

D. JUAN revenant l'épée à la main.

Je n'ay rien fait, Monsieur, que vous n'eussiez fait en ma place. Nostre propre honneur est interessé dans de pareilles avantures, & l'action de ces coquins estoit si lâche, que c'eust esté y prendre part que de ne s'y pas opposer, mais par quelle rencontre vous estes-vous trouvé entre leurs mains?

D. CARLOS.

Je m'estois par hazard égaré d'un Frere, & de tous ceux de nostre suite, & comme je cherchois à les rejoindre, j'ay fait rencontre de ces voleurs, qui d'abord ont tué mon cheval, & qui sans vostre valeur en auroient fait autant de moy.

D. JUAN.

Vostre dessein est-il d'aller du costé de la Ville?

D. CARLOS.

Oüy, mais sans y vouloir entrer, & nous nous voyons obligez mon frere & moy à tenir la campagne pour une de ces fâcheuses affaires qui reduisent les Gentilshommes à se sacrifier eux & leur famille à la severité de leur honneur, puis qu'enfin le plus doux succez en est toûjours funeste, & que si l'on ne quite pas la vie, on est contraint de quiter le Royaume, & c'est en quoy je trouve la condition d'un Gentilhomme malheureuse, de ne pouvoir point s'assurer sur toute la prudence & toute l'honnesteté de sa conduite, d'estre asservy par les Loix de l'honneur au déreglement de la conduite d'autruy, & de voir sa vie, son repos, & ses biens dépendre de la fantaisie du premier temeraire, qui s'avisera de luy faire une de ces injures pour qui un honneste homme doit perir.

D. JUAN.

On a cét avantage qu'on fait courir le mesme risque, & passer mal aussi le temps à ceux qui prennent fantaisie de nous venir faire une offense de gayeté de cœur. Mais ne seroit-ce point une indiscretion que de vous demander quelle peut estre vostre affaire?

COMEDIE.
D. CARLOS.

La chose en est aux termes de n'en plus faire de secret, & lors que l'injure a une fois éclaté, nostre honneur ne va point à vouloir cacher nostre honte, mais à faire éclater nostre vangeance, & à publier mesme le dessein que nous en avons. Ainsi, Monsieur, je ne feindray point de vous dire que l'offense que nous cherchons à vanger, est une sœur seduite & enlevée d'un Convent, & que l'Auteur de cette offence est un D. Juan Tenorio, fils de D. Louis Tenorio. Nous le cherchons depuis quelques jours, & nous l'avons suivy ce matin sur le rapport d'un valet, qui nous a dit qu'il sortoit à cheval accompagné de quatre ou cinq, & qu'il avoit pris le long de cette coste, mais tous nos soins ont esté inutiles, & nous n'avons pû découvrir ce qu'il est devenu.

D. JUAN.
Le connoissez-vous, Monsieur, ce D. Juan dont vous parlez?

D. CARLOS.
Non, quant à moy, je ne l'ay jamais veu, & je l'ay seulement ouï dépeindre à mon frere, mais la Renommée n'en dit pas force bien, & c'est un homme dont la vie...

D. JUAN.
Arrestez, Monsieur, s'il vous plaist, il est un peu de mes amis, & ce seroit à moy une espece de lâcheté que d'en ouïr dire du mal.

D. CARLOS.
Pour l'amour de vous, Monsieur, je n'en diray rien du tout, & c'est bien la moindre chose que je vous doive, aprés m'avoir sauvé la vie, que de me taire devant vous d'une personne que vous connoissez, lors que je ne puis en parler sans en

dire du mal : mais quelque amy que vous luy soyez, j'ose espérer que vous n'approuverez pas son action, & ne trouverez pas estrange que nous cherchions d'en prendre la vengeance.

D. JUAN.

Au contraire, je vous y veux servir, & vous épargner des soins inutiles ; je suis amy de D. Juan, je ne puis pas m'en empescher, mais il n'est pas raisonnable qu'il offence impunément des Gentilshommes, & je m'engage à vous faire faire raison par luy.

D. CARLOS.

Et quelle raison peut-on faire à ces sortes d'injures ?

D. JUAN.

Toute celle que vostre honneur peut souhaiter, & sans vous donner la peine de chercher D. Juan davantage, je m'oblige à le faire trouver au lieu que vous voudrez, & quand il vous plaira.

D. CARLOS.

Cét espoir est bien doux, Monsieur, à des cœurs offencez ; mais aprés ce que je vous dois, ce me seroit une trop sensible douleur, que vous fussiez de la partie.

D. JUAN.

Je suis si attaché à D. Juan, qu'il ne sçauroit se battre que je ne me batte aussi : mais enfin j'en répons comme de moy-mesme, & vous n'avez qu'à dire quand vous voulez qu'il paroisse, & vous donne satisfaction.

D. CARLOS.

Que ma destinée est cruelle ! faut-il que je vous doive la vie, & que D. Juan soit de vos amis ?

COMEDIE. 183

SCENE IV.

D. ALONSE, & trois suivans. D. CARLOS,
D. JUAN, SGANARELLE.

D. ALONSE.

Faites boire là mes chevaux, & qu'on les amene aprés nous, je veux un peu marcher à pied. O Ciel, que vois-je icy ? Quoy, mon frere, vous voila avec nostre Ennemy mortel ?

D. CARLOS.

Nostre Ennemy mortel ?

D. JUAN *se reculant trois pas & mettant fierement la main sur la garde de son épée.*

Oüy, je suis D. Juan moy-mesme, & l'avantage du nombre ne m'obligera pas à vouloir déguiser mon nom.

D. ALONSE.

Ah, traître, il faut que tu perisse, & ....

D. CARLOS.

Ah, mon frere, arrestez, je luy suis redevable de la vie, & sans le secours de son bras, j'aurois esté tué par des voleurs que j'ay trouvez.

D. ALONSE.

Et voulez-vous que cette consideration empesche nostre vengeance ? tous les services que nous rend une main ennemie, ne sont d'aucun merite pour engager nostre ame, & s'il faut mesurer l'obligation à l'injure, vostre reconnoissance, mon frere, est icy ridicule ; & comme l'honneur est infiniment plus précieux que la vie, c'est ne devoir rien proprement que d'estre redevable de la vie à quelqu'un, à costé d'honneur,

DON CARLOS.

Je sçay la difference, mon frere, qu'un Gentilhomme doit toûjours mettre entre l'un & l'autre, & la reconnoissance de l'obligation n'efface point en moy le ressentiment de l'injure, mais souffrez que je luy rende icy ce qu'il m'a presté, que je m'acquitte sur le champ de la vie que je luy dois par un delay de nostre vengeance, & luy laisse la liberté de joüir durant quelques jours du fruit de son bienfait.

D. ALONSE.

Non, non, c'est hazarder nostre vengeance que de la reculer, & l'occasion de la prendre peut ne plus revenir, le Ciel nous l'offre icy, c'est à nous d'en profiter. Lors que l'honneur est blessé mortellement, on ne doit point songer à garder aucunes mesures, & si vous repugnez à prester vôtre bras à cette action, vous n'avez qu'à vous retirer, & laisser à ma main la gloire d'un tel sacrifice.

D. CARLOS.

De grace, mon frere....

D. ALONSE.

Tous ces discours sont superflus; il faut qu'il meure.

D. CARLOS.

Arrestez-vous, dis-je, mon frere, je ne souffriray point du tout qu'on attaque ses jours, & je jure le Ciel que je le défendray icy contre qui que ce soit, & je sçauray luy faire un rempart de cette mesme vie qu'il a sauvée, & pour adresser vos coups, il faudra que vous me perciez.

D. ALONSE.

COMÉDIE.
D. ALONSE.

Quoy vous prenez le party de noſtre Ennemy contre moy, & loin d'eſtre ſaiſi à ſon aſpect des meſmes tranſports que je ſens, vous faites voir pour luy des ſentimens pleins de douceur?

D. CARLOS.

Mon frere, montrons de la moderation dans une action legitime, & ne vangeons point noſtre honneur avec cét emportement que vous témoignez. Ayons du cœur dont nous ſoyons les maîtres, une valeur qui n'ait rien de farouche, & qui ſe porte aux choſes par une pure deliberation de noſtre raiſon, & non point par le mouvement d'une aveugle colere. Je ne veux point, mon frere, demeurer redevable à mon Ennemy, & je luy ay une obligation dont il faut que je m'aquite avant toute choſe. Noſtre vangeance pour eſtre differée n'en ſera pas moins éclatante; au contraire, elle en tirera de l'avantage, & cette occaſion de l'avoir pû prendre, la fera paroiſtre plus juſte aux yeux de tout le monde.

D. ALONSE.

O l'étrange foibleſſe, & l'aveuglement effroyable, d'hazarder ainſi les intereſts de ſon honneur pour la ridicule penſée d'une obligation chimerique!

D. CARLOS.

Non, mon frere, ne vous mettez pas en peine; ſi je fais une faute, je ſçauray bien la reparer, & je me charge de tout le ſoin de noſtre honneur, je ſçay à quoy il nous oblige, & cette ſuſpenſion d'un jour que ma reconnoiſſance luy demande, ne fera qu'augmenter l'ardeur que j'ay de le ſatisfaire. D. Juan, vous voyez que j'ay ſoin de vous rendre le bien que j'ay receu de vous, & vous devez par là juger du reſte, croire que je

www.ingramcontent.com/pod-product-compliance
Lightning Source LLC
Chambersburg PA
CBHW060539050426
42451CB00011B/1785